Prière de lire et de faire lire

Saint Antoine de Padoue

ET

L'ASSOMPTION

DE LA TRÈS SAINTE VIERGE

L'auguste Marie a été enlevée dans le ciel et placée au-dessus des chœurs angéliques (Office de l'Assomption)

> *O gloriosa Domina cæli fenestra facta es.*
> O glorieuse souveraine, vous avez été établie la porte du ciel.
> (*Hymne favorite de saint Antoine à Marie*)

LIGUGÉ (Vienne)

IMPRIMERIE SAINT-MARTIN

—

Propriété

APPROBATION ET BÉNÉDICTION
DU
R^{me} PÈRE MINISTRE GÉNÉRAL DES FRANCISCAINS

Rome, 10 janvier 1899.

Au R. P. Barthélemy, Supérieur des Frères Mineurs d'Épinal.

Bien cher Père,

Je suis heureux de vous accorder la bénédiction séraphique pour vous-même et pour tous ceux qui vous aideront à élever un nouveau sanctuaire à Marie triomphante et à son serviteur saint Antoine de Padoue, né précisément le jour même du triomphe au ciel de Marie Immaculée, 15 août 1195.

Je fais des vœux pour que la protection de la sainte Vierge et de son serviteur privilégié saint Antoine apporte à la catholique Lorraine une nouvelle abondance de grâces.

Votre bien dévoué en Notre-Seigneur,

Fr. Louis Lauer,
Ministre Général de tout l'Ordre des Frères Mineurs.

IMPRIMATUR.

Fr. Léonard d'Estaires,
Min. Prov. des Frères Mineurs de la Province de France.

IMPRIMATUR.

Pictavis, die 23 Februarii 1899.

† Henricus, *Ep. Pictaviensis.*

AUX LECTEURS ET AMIS
DE SAINT ANTOINE DE PADOUE
ET DE LA TRÈS SAINTE VIERGE

Histoire d'un revenant

Le nom et l'idée même de revenant impliquent toujours une pensée de défiance et de crainte. Nous ne voudrions pas être pour nos lecteurs une cause de trouble et de préoccupations, cependant nous n'hésitons pas à prendre ce nom. A première vue, il causera une impression fâcheuse, mais qui disparaitra bientôt, nous l'espérons.

Les pages de cette humble brochure s'adressent surtout à des amis, à des âmes pieuses, à des cœurs dont nous connaissons déjà la charité et le dévouement. Un cœur reconnaissant, qui garde précieusement le souvenir des bienfaits reçus, parle sans apprêt et va droit au but qu'il veut atteindre ; c'est ce que nous nous proposons de faire en écrivant ces lignes.

Pendant neuf années, de fatigues et de peines, consacrées à la restauration du pèlerinage national des Grottes de Saint-Antoine de Brive, nous avons pu apprécier l'infatigable dévouement des amis de notre œuvre. Il nous ont aidé à rendre un sanctuaire à saint Antoine, une habitation à ses frères, à donner des abris et des hospitalités aux pèlerins, une demeure et le pain de chaque jour aux *trente-neuf* orphelins qui fournissent au pèlerinage des enfants de chœur et un chœur d'enfants pour chanter les louanges du Saint et appeler les bénédictions de Notre-Dame de Bon-Secours sur les bienfaiteurs. Ils nous ont aussi donné la consolation de relever le calvaire et d'animer la solitude des Grottes en la peuplant de statues qui dans leur muette immobilité, par l'expression de leurs traits, semblent inviter au recueillement et à la prière. Quand nous leur avons donné, pour alimenter leur dévotion et leur confiance en saint Antoine et en Marie, les articles de la *Revue Franciscaine*, puis les *Echos des Grottes* et la Confrérie de Notre-Dame de Bon-Secours de Brive, ils ont compris nos désirs, et en grand nombre, disons mieux, en légions, ils ont répondu à notre appel. Maintenant que l'œuvre de Brive est terminée et établie sur des bases solides, que ne renverseront ni le temps ni les ennemis de tout bien, l'obéissance religieuse nous a enjoint de nous occuper d'une autre œuvre où tout est à faire et dans laquelle tout doit se faire aussi en l'honneur de la sainte Vierge et par saint Antoine.

Il y avait à peine quelques semaines que nous avions quitté nos chères Grottes, que nous voyions, par suite d'une situation mal établie et mal définie, le couvent que nous habitions vendu par le fisc et notre paisible demeure occupée par des étrangers. Au temps de Noël nous étions errant dans les rues, sous la pluie et la neige, comme la sainte Famille arrivant à Bethléem, cherchant un abri pour notre communauté. Il est vrai que bientôt, grâce à la protection visible de saint Antoine, nous avons trouvé une demeure provisoire[1]. Mais nous ne pouvons nous endormir dans l'inaction, il faut penser à l'avenir, chercher un terrain et y bâtir un nouveau couvent avec une église, en un mot nous remettre au travail et ne plus songer à un repos auquel nous croyions avoir le droit de prétendre. Voilà pourquoi nous nous présentons à nos amis comme un *revenant*, qui, nous l'espérons, n'apportera pas trop la crainte et l'épouvante avec lui. S'il ne s'agissait que de nous, nous resterions dans le silence. Pauvre Frère Mineur, heureux de souffrir la persécution et l'épreuve, auxquelles N. S. P. saint François promet, après le divin Maître, la récompense du ciel, nous ne viendrions pas contrister nos amis par le récit de nos souffrances. Mais saint Antoine semble nous dire que nous devons encore travailler pour lui, qu'il a laissé nos ennemis nous mettre dans la rue, afin de nous obliger à faire avec son concours et par lui une nouvelle œuvre qui sera, comme nous essayons de le montrer dans cette brochure, la suite et le couronnement de la première. Il y aura

---

1. Le 14 décembre 1898, le tribunal faisait vendre, sur saisie immobilière, à l'audience des criées, notre couvent de la rue de la Loge-Blanche, et le jeudi 22 nous étions dans notre maison provisoire de la rue Jean-Viriot. Le dimanche 25, fête de Noël, nous avions la consolation de célébrer dans un bien modeste oratoire la première messe à minuit. Nous avions quitté les Grottes de Brive le 18 octobre.

des difficultés et des ennuis, nous ne l'ignorons pas, mais nous ne pouvons rien refuser à saint Antoine. Dans les nombreuses difficultés de l'œuvre de Brive nous avons toujours été soutenu en pensant que nous faisions l'obéissance. Notre Père Général, le Rme P. Louis de Parme, successeur de N. S. P. saint François, avait bien voulu, dès le début, donner à nous, à notre œuvre et à tous ses amis et bienfaiteurs, la bénédiction séraphique à laquelle est venue s'ajouter la bénédiction d'un inoubliable protecteur du pèlerinage, Mgr Denéchau, Évêque de Tulle, puis celle du Souverain Pontife Léon XIII. Ces bénédictions ont porté bonheur à l'œuvre ; le Révérendissime Père a pu le constater lui-même, il y a quelques mois, en venant faire un pèlerinage aux Grottes. Peu après Sa Paternité voulait bien nous écrire et nous dire combien la vue de tout ce qui s'est fait à Brive, pour la gloire de saint Antoine et de la très sainte Vierge, lui a procuré de joie et de consolations. Dans une autre lettre, le Révérendissime, après avoir appris notre changement, disait : « Puisque l'obéissance vous fait quitter les Grottes, c'est que le bon Dieu vous veut ailleurs. Je fais des vœux pour que dans la nouvelle résidence qui vous sera assignée vous puissiez encore travailler pour saint Antoine, propager son culte, et montrer combien Dieu est admirable dans ses Saints, et spécialement dans notre saint Antoine[1]. » A ces vœux viennent s'ajouter

---

1. Lettre du 13 septembre 1898.

la bénédiction et les encouragements du nouveau successeur de saint François et la bénédiction de Mgr l'Évêque. Notre nouvelle œuvre ne peut donc manquer d'être bénie de Dieu.

Comme la première, elle offre des avantages spirituels qui seront la récompense de ses bienfaiteurs. Dans de telles conditions nous ne pouvons hésiter à faire encore un appel à tous nos amis, en leur disant, une fois de plus, avec notre S. P. saint François, rebâtissant l'église de Saint-Damien : « Celui qui me fera la charité, qui me donnera une pierre, aura une récompense, celui qui m'en donnera deux ou trois aura autant des grâces et des bénédictions accordées par Notre-Seigneur et sa très sainte Mère, à la prière de l'ami de Jésus, de saint Antoine le Faiseur de miracles, le Thaumaturge de notre époque, le protecteur de ceux qui sont charitables. » Et dans notre confiance, nous remercions d'avance nos amis et bienfaiteurs d'autrefois, redevenus les bienfaiteurs et les amis du présent. Le passé nous est une assurance pour l'avenir.

Fr. Barthélemy de Bionville,

Ancien Gardien des Grottes de Saint-Antoine de Brive,
Supérieur du Couvent des Franciscains d'Epinal (Vosges).

Épinal, en la fête de la Langue de saint Antoine, le 15 février 1899.

I

L'ASSOMPTION DE LA TRÈS SAINTE VIERGE

AFFIRMÉE A SON DÉVOT SERVITEUR

SAINT ANTOINE DE PADOUE

I. — L'Assomption de la très sainte Vierge

La dévotion à la bienheureuse Vierge Marie s'est développée dès les premiers siècles de l'Eglise, ainsi que nous le dit la sainte Ecriture, *comme le térébinthe qui étend au loin ses rameaux*[1].

Dans la croisade contre les Albigeois, c'est la bannière de Marie, déployée par les Frères Prêcheurs et Mineurs, qui conduisit à la victoire. Celle qui dès l'origine avait écrasé la tête du serpent devait de même dans tous les temps, écraser les hérésies. Au douzième siècle, saint Bernard avait déjà donné à la dévotion du peuple ce même élan d'amour envers la Mère de Dieu qu'il avait su imprimer à tous les nobles instincts de la chrétienté ; « mais, ajoute ici Montalembert dans son admirable Introduction à la *Vie de sainte Elisabeth de Hongrie*, ce furent les deux grands Ordres mendiants, de François et

---

1. Eccli., xxv, 22.

de Dominique, qui portèrent le culte de la Vierge à cet apogée d'éclat et de puissance, dont il ne devait plus jamais descendre ».

« Ces deux grands Ordres, qui peuplaient le ciel en remuant la terre, se rencontrent toujours, malgré la diversité de leurs caractères et de leurs moyens d'action, dans une tendance commune, l'amour et le culte de Marie. »

« Peut-être, ajoute un historien de nos jours, y eut-il, dans l'influence des Frères Mineurs, quelque chose de plus hardi et de plus tendre. Sainte-Marie-des-Anges peut être considérée comme le nid qui les vit éclore. Dès 1219, au célèbre chapitre des Nattes, saint François établit chez ses enfants l'usage de la messe solennelle du samedi, en l'honneur de l'Immaculée Conception. Duns Scot, le Docteur subtil, devient le brillant champion de cette doctrine, qu'il fait prévaloir au sein de l'Université de Paris. Au moment de la défendre devant l'assemblée des docteurs, il s'agenouille aux pieds d'une antique madone de pierre, la conjurant de lui donner le triomphe, et la statue incline en souriant sa tête, l'assurant ainsi de son miraculeux concours.

Saint Bonaventure compose le *Psautier de Marie*. Le bienheureux Jacopone de Todi écrit les deux *Stabat* du calvaire et de la crèche, et l'une de ces proses incomparables suffirait à établir la gloire poétique et chrétienne de son auteur. Saint Antoine de Padoue se montre digne de la tradition franciscaine, qui défend avec un amour jaloux tous les privilèges de la Vierge.

Ses lèvres enfantines murmuraient déjà cet *O gloriosa Domina*, charme et talisman de sa vie, qu'il chanta encore au lit de mort. Mais il semble avoir reçu de plus que ses glorieux Frères la mission spéciale d'être le héraut et le défenseur attitré de l'Assomption de Marie en corps et en âme. A cette époque, cette doctrine séculaire rencontrait encore quelques opposants. Saint Bernard l'avait affirmée avec tendresse, mais déjà au neuvième siècle, le Pape saint Léon IX avait établi dans l'Eglise l'Octave de la fête de l'Assomption [1]. Depuis longtemps, dès l'aube du treizième siècle, le sentiment populaire était absolument acquis à la croyance du glorieux privilège célébré dans la *Légende dorée* du bienheureux Jacques de Voragine, et dans trois beaux sermons du grand Evêque dominicain. De nos jours, les fouilles entreprises dans les débris des monuments historiques ont établi, sans contestations possibles, combien l'antiquité chrétienne avait tenu en foi et en honneur l'Assomption corporelle de la Mère de Dieu. La fresque découverte dans la crypte de Saint-Clément de Rome par le chevalier Rossi représente la Vierge s'élevant de son sépulcre, au-dessus de la tête des Apôtres, les bras tendus vers le ciel dans l'attitude des Orantes [2].

1. Le Pape saint Léon IX avait été Evêque de Toul sous le nom de Brunon de Dachsbourg. Comme Pape, il conserva pendant trois ans par affection pour son pays de Lorraine et son ancien diocèse, le titre d'Evêque de Toul. (Note extraite de l'*Ordo* du diocèse de Nancy et de Toul.)
2. *Histoire de l'Eglise*, Darras, t. XIX.

Mais le grand Thaumaturge de Padoue, inspiré par sa foi, avait puisé dans son cœur les convictions que l'Eglise entourait encore de silence. Comme Duns Scot arguant, pour défendre l'Immaculée Conception, qu'il fallait admettre pour la Vierge Marie les plus beaux dons qu'une créature puisse recevoir de Dieu, quand la sainte Ecriture et l'autorité des saints Pères n'y contredisent pas, saint Antoine concluait que la chair virginale, premier tabernacle vivant du Christ, ce corps de la corédemptrice du genre humain, n'avait pu être soumis à l'humilation du tombeau. Marie était, comme son divin Fils, montée au ciel, en corps et en âme. Il était de l'avis de son Ordre. On lit dans la *Vie de saint François* que, pour mieux célébrer la plus glorieuse des fêtes de la Vierge, il s'imposait chaque année, en préparation, un carême rigoureux, du lendemain de la fête des saints Apôtres Pierre et Paul au jour de l'Assomption.

De plus, saint Antoine, théologien, historien, poète et moraliste, résumait l'excellence de ses qualités, en demeurant à son époque le prince de la théologie mystique. Il avait médité, approfondi les délicieuses traditions relevées par saint André de Crète, nous disant : « Que ce corps très pur qui avait reçu pour nous d'enfanter Dieu lui-même fut transporté, au milieu des chants des Anges, sur les épaules des Apôtres pour être déposé dans un sépulcre à Gethsémani. Trois jours après, ceux-ci, n'ayant pu se résoudre encore à abandonner le saint tombeau, virent accourir saint Thomas, qui n'avait pu arriver à temps pour la mort de la Vierge. Il demanda avec larmes de contempler et d'honorer encore une fois ce temple de Dieu. On ouvrit le sépulcre, mais on n'y trouva plus que les linges qui avaient enveloppé la dépouille virginale et qui répandaient au loin un parfum céleste. Les Apôtres, assistés de l'Esprit divin, interprétèrent ainsi cet admirable mystère : Le Seigneur, qui n'avait point voulu, par son enfantement même, porter atteinte à l'intégrité virginale du corps de sa Mère, s'était complu après son Ascension à le transporter incorruptible et immaculé dans la gloire. » Saint Timothée, premier Evêque d'Ephèse, saint Denis l'Aréopagite, qui en parle lui-même dans ses écrits, assistaient avec les Apôtres à ce merveilleux événement.

« En ce jour de l'Assomption, écrivait saint Jean Damascène, l'Arche sacrée et animée du Dieu vivant qui a conçu dans ses entrailles son Créateur repose dans ce temple du Seigneur que nulle main n'a construit. Comment le tombeau l'aurait-il dévoré ? Comment la corruption aurait-elle envahi ce corps, en qui la *vie* avait été prise ? Une voie droite, unie, a dû lui être frayée dans le ciel. »

Notre bienheureux Antoine savait que cette fête confirme au plus haut degré cette divine loi d'association, que nous retrouvons partout entre Jésus et Marie. L'Assomption est comme l'appendice de l'Ascension. Elle arrive dans l'ardeur et l'éclat de l'été, qui est comme la gloire de l'année. Elle clôt le cycle annuel de la liturgie par le couronnement de Marie. Elle ouvre l'ère du repos de l'Eglise et des fidèles. Comme si avec cette Mère bienheureuse, toute la famille chrétienne déposait le poids de la terre pour entrer dans la liberté des enfants de Dieu.

II. — Saint Antoine et la très sainte Vierge. Apparition et révélation

Afin de le mieux prédestiner à sa mission, Dieu avait fait naître Fernando de Bouillon à côté de Notre-Dame del Pilar (la Sé), le jour même où l'Eglise solennise en si grande pompe l'Assomption de Marie. C'était le 15 août 1195, dont nous célébrions pieusement, il y a trois ans, dans les Grottes de Brive, le septième centenaire[1]. Ce fut aussi, nous dit à son début la *Vita anonyma* du Saint, « quand il eut atteint l'âge de raison que Fernando fut placé par ses pieux parents à l'école de l'église de la bienheureuse Mère de Dieu, pour y apprendre les lettres humaines et se former à la vertu, sous la direction des ministres de ce Christ dont il devait être le héraut ». Devenu Frère Mineur, fils spirituel du Séraphique Pauvre d'Assise, le grand ser-

---

1. L'église du pèlerinage a été consacrée le 13 juin 1895, jour où l'Eglise célébrait la fête du Très-Saint-Sacrement. Huit prélats assistaient et prenaient part à la consécration des treize autels. Cette église était offerte à saint Antoine à l'occasion du septième centenaire de sa naissance, qui fut célébré aux Grottes le 15 août suivant et pendant toute l'Octave.

viteur de Marie, qui avait appris de sa pieuse mère à aimer, à prier et à invoquer souvent la Reine du ciel, demeura fidèle aux grâces mystérieuses de ses jeunes années. Tandis qu'il enseignait la théologie à Toulouse, combattant avec succès par sa parole et ses miracles l'hérésie albigeoise dans son centre préféré, saint Antoine arriva à l'une des heures les plus mémorables de sa jeune vie. C'était la veille de l'Assomption, et l'on devait au couvent, suivant l'usage, lire au chœur le martyrologe d'Usuard qui, annonçant la mort de Marie, ajoutait à la suite : « *L'Église, dans sa sage réserve, préfère une pieuse ignorance à l'enseignement d'une croyance vaine et apocryphe*[1]. » Le fervent et délicat serviteur de la glorieuse Vierge Marie ne pouvait se résoudre à lire ce texte blessant toutes les tendresses et toutes les convictions de son âme. Il ne pouvait échapper à cette épreuve qu'en s'absentant du chœur; d'autre part cette mesure extrême le mettait en état de faute contre le règlement de son couvent. A genoux dans sa cellule, le Saint conjurait Marie de mettre fin à ses perplexités. Comme un peu plus tard dans les grottes de Brive, la Reine des Anges et des hommes répondit à son ardent appel. « Elle apparut au milieu d'une clarté éblouissante et dans tout l'éclat de sa radieuse beauté. Il contempla des yeux de son corps Celle qui est plus brillante que les étoiles du firmament, plus limpide que le cristal, plus

---

[1]. Baronius, *Annotations au Martyrologe romain*, 15 août.

blanche que la neige des montagnes. Il entendit cette voix dont les célestes harmonies jettent les Anges dans le ravissement. Marie lui disait avec douceur : *Sois sûr, ô mon fils, que ce corps, qui a été l'arche vivante du Verbe Incarné, a été préservé de la corruption et de la morsure des vers ; sois sûr également qu'il a été transporté le troisième jour sur les ailes des Anges, à la droite du Fils de Dieu, où je règne !* Et chacune des syllabes qui tombaient de ces lèvres augustes versait dans son âme d'ineffables consolations. Quand elle eut disparu, il sembla au Bienheureux que toutes les délices du paradis avaient passé dans son cœur ! Toutes les délices du paradis. Oh non ! ce n'était qu'une goutte de la coupe enivrante des élus [1]. »

De pieux et anciens auteurs ajoutent que la Vierge Marie, avant de disparaître, déposa elle-même dans les bras du bienheureux Antoine l'Enfant Jésus, qui le combla de caresses, afin d'augmenter encore sa foi et son ardent amour.

Ce n'était pas la première fois que les révélations célestes étaient venues confirmer la pureté de ses doctrines ; mais plus fidèle que jamais, le Thaumaturge sentit que cette merveilleuse apparition n'était pas seulement une faveur personnelle à ensevelir, comme tant d'autres, dans les profondeurs habituelles de son humilité. Il parla, enseigna, rendit partout hommage et té-

---

1. Azevedo, *Vita del Taumaturgo*, t. I, c. xii, cité dans l'ouvrage du Père Léopold de Chérancé.

moignage à la vérité, devenant de plus en plus l'apôtre et le chantre de l'Assomption, comme son Séraphique Père avait été le chantre et l'apôtre de l'Immaculée Conception. Il aimait à commenter le magnifique verset de l'office du 15 août : « L'auguste Marie a été aujourd'hui enlevée dans le ciel et placée au-dessus des chœurs angéliques. »

On remarque à Rome, dans la basilique Vaticane, une mosaïque, exacte représentation du tableau de Bianchi, montrant la sainte Vierge célébrée par les deux Eglises d'Orient et d'Occident. La première est symbolisée par son plus brillant Docteur, saint Jean Chrysostome, l'Eglise d'Occident par saint François et saint Antoine de Padoue. Il en est de même dans la belle mosaïque de Jacques de Torrita représentant à Sainte-Marie-Majeure le couronnement de la sainte Vierge. Notre grand Thaumaturge y figure comme le témoin et le *héraut officiel* du mystère de l'Assomption.

Saint Dominique avait choisi cette suprême gloire de Marie pour le quinzième mystère, terminant la récitation du Rosaire, immortelle couronne effeuillée, depuis sept siècles passés, par tous les dévots serviteurs de Marie, méditant à la dernière dizaine des mystères glorieux le triomphe incomparable de la sainte Mère de Dieu, affirmé par la célèbre vision de Toulouse. Un jour viendra peut-être dans le siècle qui va s'ouvrir où, saintement jaloux de Pie IX proclamant le dogme de l'Immaculée Conception, le Souverain Pontife alors heureusement régnant, dans cette Eglise qui ne peut mourir, sera inspiré de l'Esprit-Saint pour ajouter au diadème de Marie le suprême et dernier fleuron, en promulguant à son tour, aux acclamations de la chrétienté, le dogme de l'Assomption corporelle de Marie. Il évoquera ce jour-là la mémoire des défenseurs de cette croyance séculaire, et ajoutera à la gloire du plus autorisé de tous en rappelant les mémorables paroles de la sainte Vierge à saint Antoine de Padoue.

III. — Conclusion

Entre toutes les nations catholiques, il appartiendrait à la France, si souvent favorisée des apparitions de Marie, de tenir le premier rang dans la dévotion au mystère de l'Assomption et d'élever partout en son honneur des temples et des autels. « Cette fête, dit Auguste Nicolas, la plus ancienne de toutes celles de la Vierge dans l'Eglise, est la plus privilégiée et la plus permanente en France. Par elle, la Mère de Dieu a gardé dans nos temps révolutionnaires et dans notre pays tourmenté l'honneur d'un culte public et le souverain patronage de sa maternelle protection. L'Office Parisien le disputait au Romain pour glorifier l'Assomption de la Vierge.

« La réforme janséniste avait reculé devant la dévotion des Eglises de France pour les fêtes propres de Marie, et en particulier pour celle qui par le vœu de nos rois était devenue une fête nationale. »

Au premier nocturne de l'office du dimanche dans l'octave de l'Assomption, la première leçon faisait mention du vœu de Louis XIII plaçant la France et sa couronne sous le patronage de la Mère de Dieu. Napoléon Ier, en signant le Concordat et en rendant les églises au culte public, avait habilement conservé les traditions de l'ancien régime en fixant sa fête personnelle et officielle au 15 août.

Avant que Charlemagne eût supprimé les liturgies franques et gothiques pour établir la liturgie romaine dans son vaste empire, il y avait au jour de l'Assomption des prières magnifiques où la belle latinité du langage le disputait à la pureté de la doctrine et à la tendresse de la dévotion. Un peu plus tard, dans l'office de l'octave de l'Assomption pour la métropole seulement, il était fait mention du vœu par lequel Philippe le Bel reconnaissait avoir obtenu la brillante victoire de Cassel. — Il ressort clairement de tous ces souvenirs que la France entière doit garder une toute particulière dévotion à l'Assomption de la Vierge et au grand Thaumaturge que Marie se plut à combler en France de si merveilleuses faveurs. Il serait bien bon de multiplier en leur honneur les églises, les chapelles, les autels, les statues, nous souvenant que si à Lourdes la sainte Vierge daigna affirmer par ses paroles à Bernadette son Immaculée Conception, ce fut encore en France et à Toulouse qu'elle attesta à saint Antoine la vérité de son Assomption corporelle. Ce serait amener de plus en plus la protection du puissant Thaumaturge et de sa *glorieuse Souveraine* sur la France. Ce serait aussi réparer l'oubli des vœux et des promesses du passé, et attirer de nouvelles faveurs sur notre malheureux pays. « Pour aller plus sûrement à Dieu », nous dit une très vieille séquence à Marie :

> Que par vous passent nos prières !
> Il ne peut refuser à sa Mère !
>
> Qu'il aime notre France,
> Donne aux gouvernants la justice,
> Au peuple suppliant la paix !
>
> L'arche vivante du Seigneur
> Monte dans son repos,
> La face plongée dans le ciel !

> *Ad Deum ut adeant,*
> *Per te vota transeant.*
> *Non fas Matrem rejici.*
>
> *Amet tuam Galliam,*
> *Regi det justitiam,*
> *Plebi pacem supplici.*
>
> *It in suam requiem,*
> *Infert cœlo faciem*
> *Arca viva Domini.*

II

Notre-Dame de l'Assomption et saint Antoine
A ÉPINAL

I. — Saint Antoine Lorrain et Français

Saint Antoine, le grand Thaumaturge, le Faiseur de miracles, le grand ami de Jésus, auquel Marie a attesté la vérité de son Assomption corporelle, a donné à la France le pèlerinage des Grottes de Brive. C'est là qu'il est venu *prier et faire pénitence* ; c'est là que Satan, jaloux du bien qu'il faisait et voulant l'empêcher de lui ravir les âmes pour les rendre à Dieu, vint pour l'étrangler en l'étreignant dans ses griffes infernales ; c'est là que Marie, la Vierge de Bon-Secours, est venue, avec son divin Fils dans les bras, pour sauver Antoine, en mettant en fuite son redoutable ennemi ; c'est dans ce lieu béni, redevenu le pèlerinage national en l'honneur d'Antoine et de sa libératrice, que le puissant ami de Jésus montre son pouvoir sur le Cœur de son divin Ami et sur celui de sa glorieuse Souveraine en obtenant toutes les grâces et les faveurs qu'on vient y solliciter de son inépuisable charité. Mais Antoine est attaché à notre pays par des liens plus étroits encore : il était Lorrain par son origine, le descendant des Bouillon. Dans ses veines coulait le sang de ces ducs qui ont fait le bonheur et la gloire de la Lorraine, de ces princes « beaux et bons jusqu'à l'idéal, dit un historien, qui joignaient constamment l'humanité à la bravoure, l'intelligence créatrice à l'esprit conservateur, et ne cessaient de mettre leur fortune et leur vaillance au service de la religion, de la justice et de la vraie liberté... Sauvant de deux façons la morale, par le maintien du libre arbitre attaqué en théorie, et de la chasteté attaquée en pratique, car il s'agissait de vaincre les ennemis de la chrétienté et de repousser le triomphe de l'idée fataliste, honteusement alliée à l'idée charnelle, tel fut le magnifique rôle assigné par la Providence à la maison de Lorraine. Et l'on ne saurait douter que cette mission à la fois utile et sublime fut la récompense, sur la terre, de la piété des princes lorrains pour Marie [1]. »

Ce que les princes lorrains firent en remplissant cette mission si belle, Antoine, le chevalier de Marie, le fit pendant toute sa vie. Soldat pacifique du Christ, avec la croix pour épée, il n'eut d'autre souci que celui de sauver les âmes et d'étendre de plus en plus dans les cœurs le règne de Jésus et de Marie.

Et maintenant il semble encore, par sa charité, par son action bienfaisante dans le monde entier et plus spécialement dans toute la France et les Grottes de Brive, se montrer le digne fils de la

---

1. Extrait d'un discours de M. l'abbé Mourot, curé de Laveline, sur Notre-Dame de Sion et Jeanne d'Arc, prononcé en 1893.

maison de Lorraine. Partout il se montre bon jusqu'à l'idéal pour tous ceux qui recourent à lui et implorent sa protection. C'est donc la Lorraine qui a donné à la France Antoine de Padoue, né à Lisbonne, mais d'un père proche parent de Godefroy de Bouillon. Et la France est redevable à la Lorraine de la gloire de regarder comme lui appartenant l'illustre Thaumaturge avec son pèlerinage de Brive, qui est pour notre pays ce que Lisbonne est pour le Portugal et Padoue pour l'Italie.

Puisque la France est ainsi redevable à notre Saint et à son pays d'origine, ne doit-elle pas se montrer reconnaissante au plus vivant de ses Saints en l'aidant à élever à Marie un sanctuaire dans le pays de ses ancêtres? Elle lui donnera par là de témoigner encore de sa piété et de son amour pour la glorieuse Vierge.

II. — Saint Antoine inséparable de Marie. — L'église et le couvent des Franciscains donnés à Notre-Dame de l'Assomption par le Saint.

Il est aussi impossible de séparer saint Antoine de Marie que de son divin Ami le Sauveur Jésus. Partout et toujours elle est sa glorieuse Souveraine, sa Dame bien-aimée, ce que l'on fait pour lui on le fait pour Marie. Si à notre époque Antoine est plus que jamais, le puissant Thaumaturge, c'est toujours pour remplir sa mission sublime qui est de ramener les âmes à Jésus par

Marie. La charité qu'il fait pratiquer, en accordant ses faveurs et ses bienfaits aux imitateurs de sa tendresse pour les pauvres, a pour but de rendre les âmes au Fils de Marie en ranimant dans les cœurs l'amour de Dieu qui ne peut y exister avec l'égoïsme. Ceux qui ont éprouvé les bienfaits de la protection du Thaumaturge ne peuvent témoigner plus efficacement leur reconnaissance qu'en lui donnant pour faire bâtir un sanctuaire qui affirmera, une fois de plus, l'une des gloires de Marie qui lui a été si merveilleusement révélée et qu'il a si éloquemment proclamée. Et ce sanctuaire, où peut-il être mieux placé qu'à Epinal[1], ville de l'antique duché de Lorraine, où l'on a conservé le souvenir des Frères Mineurs, les frères d'Antoine, où l'on continue à leur donner une bienveillante et cordiale hospitalité? C'est là qu'après la Révolution les Franciscains ont reparu pour la première fois en Lorraine[2]. Il convient donc que la *première église*

---

1. La ville d'Epinal faisait partie de la Lorraine comme chef-lieu de bailliage. Le Pape saint Léon IX, ancien Evêque de Toul, a consacré son église. Elle tire son nom des épines nombreuses qui couvraient le sol sur lequel elle fût bâtie.
2. En 1876, après le Kulturkampf, des Frères Mineurs de la Province de Sainte-Elisabeth de Thuringe vinrent s'établir à Epinal, où ils restèrent jusqu'en 1880. Le R^{me} Père Louis Lauer, que le Souverain Pontife Léon XIII a nommé lui-même Ministre Général de l'Ordre des Frères Mineurs, était du nombre de ces religieux persécutés et cherchant dans une nouvelle patrie un refuge pour y observer la Règle de saint François; nous retrouvons sa signature sur les registres du Tiers-Ordre. Le 24 janvier 1884, les Frères Mineurs français de la Province de Saint-Louis-d'Anjou vinrent s'installer à Epinal dans une maison du faubourg Saint-Michel. Bientôt ils bâtirent un petit couvent au

bâtie dans ce pays *pour l'Ordre auquel appartient saint Antoine*, soit donnée au Thaumaturge pour qu'il puisse l'offrir à Notre-Dame de l'Assomption. Il faut que la France entière concoure à la construction de cet édifice, qui sera un *ex-voto* mérité par celui dont l'action bienfaisante est toujours visible et que tous les Français doivent regarder avec un saint orgueil comme un illustre compatriote.

Du reste, déjà, mais non sans difficultés et non sans une permission du ciel qui est devenue presque une prophétie, depuis le nouvel établissement des Frères Mineurs à Epinal après 1884, il avait été décidé que Marie, *dans sa glorieuse Assomption*, serait la patronne de l'église et du couvent. Le Thaumaturge aura sa place d'honneur dans le

quartier des Templiers, rue de la Loge-Blanche ; mais ils ne devaient pas y rester longtemps en paix. A la suite de difficultés imprévues soulevées par une donation mal faite et reprise ensuite, la maison inachevée encore, privée d'église, n'a pu être rachetée à la vente faite par le tribunal. Mais de ce mal sortira un plus grand bien pour saint Antoine et ses frères. Avec l'aide des amis du grand Saint, on verra bientôt s'élever, dans un quartier plus propice où l'on pourra faire plus de bien et aider plus efficacement le clergé paroissial, un nouveau couvent et l'église pour laquelle nous demandons des secours. Le couvent d'Epinal appartient actuellement à la Province Franciscaine de France, formée des anciens couvents de la Province de Saint-Louis situés dans le Nord et l'Est de la France. La division de l'ancienne Province de Saint-Louis a été faite, à cause de sa trop grande étendue, par le Rme Père Louis de Parme, Ministre Général de l'Ordre des Frères Mineurs, le 6 août 1892, en vertu de pouvoirs spéciaux reçus du Souverain Pontife. De cette division sont sorties les deux Provinces d'Aquitaine et de France. Ce n'est qu'en 1888 que les Franciscains vinrent s'établir à Metz, autre ville de la Lorraine.

nouveau sanctuaire qu'il aura donné à la très sainte Vierge. On ne séparera pas Antoine de Marie, et Antoine et Marie nous amèneront Jésus. Nous resterons avec cette glorieuse trinité que nous avions déjà aux Grottes de Brive. Et ici Marie, la *Glorieuse*, la *Souveraine* du ciel, qui a daigné apparaître à Antoine et lui révéler la vérité de son Assomption en corps et en âme, restera, pour tous ceux qui viendront la prier dans sa nouvelle église, la Vierge de Bon-Secours, comme elle l'est toujours aux Grottes : à la prière d'Antoine, jointe à celle des fidèles, elle distribuera les grâces et les bénédictions qui découlent du Cœur de son divin Fils.

Et Notre-Dame de l'Assomption, qui est spécialement la patronne des mourants et des âmes du purgatoire qui désirent Dieu en l'appelant de toute l'énergie de leur volonté, protégera tous les amis d'Antoine. Elle se tiendra sur la frontière de la France pour dire à tous que, s'il doit aimer sa patrie terrestre, le chrétien ne doit pas oublier sa patrie céleste. Elle sera là placée sur les limites de nos frontières comme une citadelle et un rempart pour la préservation de notre pays. La nouvelle église sera, en France, la première qui portera le titre de *Notre-Dame-de-l'Assomption*, auquel sera ajouté le souvenir de l'apparition de Marie et de la révélation faite à Antoine de Padoue dans notre chère patrie.

Nos amis ne refuseront pas de nous aider ici comme ils l'ont fait à Brive. Nous ne leur demandons pas d'oublier les Grottes et les orphelins que nous y avons laissés, ce serait une faute trop grave ; nous les supplions seulement de penser aussi un peu à notre nouvelle œuvre dans laquelle tout est à faire, couvent et église. Ici comme à Brive, nous sommes de pauvres Frères Mineurs : pour entreprendre cette œuvre, dont les frais, si atténués qu'ils soient par la simplicité toute franciscaine des constructions, atteindront cependant une somme considérable, nous ne possédons exactement aucune ressource. Notre sainte Règle nous obligeant à vivre d'aumônes, données gratuitement, ou pour notre travail, nous n'avons aucun capital, aucun revenu, nous devons nous abandonner uniquement à la divine Providence et à la charité des fidèles. Le pays et le diocèse sont pauvres, chargés d'œuvres, et nous ne pouvons rien leur demander. Ceux qui viendront à notre aide plairont à saint Antoine, parce qu'ils donneront pour la très sainte Vierge, pour reconnaître et honorer son Assomption glorieuse, qu'il aimait à proclamer. Ils se rendront favorable le saint Thaumaturge, parce que leur aumône sera en même temps pour lui et pour ses pauvres. A Brive, de nombreux clients du Saint aux miracles ont obtenu des grâces merveilleuses en promettant de donner pour les constructions, afin de fournir du travail et du pain à de pauvres ouvriers. Là a eu lieu l'application pratique de la dévotion de l'aumône faite en l'honneur de saint Antoine. Toute l'œuvre des Grottes est l'attestation la plus éloquente de l'efficacité de cette dévotion. C'est donc avec la plus entière confiance que nous nous adressons aux amis de saint Antoine. Déjà nous les remercions des secours qu'ils nous apporteront. Qu'ils s'adressent au Thaumaturge, lui demandent des grâces et des bienfaits en lui promettant, en retour, de secourir son œuvre d'Epinal, et ils verront bientôt que la reconnaissance les obligera à tenir leur promesse. Déjà le bon et charitable Saint a montré visiblement que cette œuvre lui est agréable et qu'il la protège.

III. — Avantages spirituels accordés aux bienfaiteurs

Participation à perpétuité, en proportion de l'aumône donnée : 1º Aux fruits du saint sacrifice célébré *chaque jour* à perpétuité par un religieux, pour les intentions recommandées, les bienfaiteurs et les âmes du purgatoire qui ont été dévouées ou recommandées à saint Antoine; 2º Aux messes et offices des morts célébrés plusieurs fois chaque année pour les bienfaiteurs défunts; 3º Aux prières spéciales faites chaque mardi, jour consacré à saint Antoine, pendant et après le salut du Très-Saint-Sacrement et six fois chaque jour pour les bienfaiteurs vivants et défunts; 4º Aux nombreux avantages et privilèges spirituels accordés par les Souvrains Pontifes aux bienfaiteurs de l'Ordre Franciscain.

N. B. — On peut faire inscrire comme bienfaiteurs ayant part aux messes et aux prières ses parents et ses amis *vivants* et *défunts*. Tout bienfaiteur qui donnera ou pour lequel on aura donné cent francs au moins, aura son nom inscrit, gravé sur des plaques de marbre placées dans la nouvelle église. Les noms des donateurs d'une somme de mille francs seront gravés sur les autels, dans le sanctuaire et sur les piliers.

On a part à ces avantages dès que l'aumône a été faite et en proportion de ce qui a été donné. Le bon Dieu apprécie la charité par la bonne volonté et le sacrifice fait en donnant. L'aumône du pauvre est souvent plus méritoire que celle du riche. *On accepte donc avec reconnaissance les aumônes même les plus minimes.*

On peut aussi envoyer des intentions de messes. Ces messes seront dites par des prêtres qui donnent à l'œuvre les honoraires comme aumônes. On peut donner spécialement pour les autels et pour les statues du Sacré-Cœur, de la très sainte Vierge, de saint Michel, le premier défenseur et chevalier de la très sainte Vierge, de saint Joseph, de saint Antoine, de notre Séraphique Père saint François, de saint Bonaventure, de saint Louis et de sainte Elisabeth, patrons des Tertiaires, de saint Pascal Baylon, patron des œuvres eucharistiques, de saint Bernardin de Sienne, de saint Jean de Capistran, de saint Nicolas, patron de la Lorraine, de saint Léon IX, Pape [1],

---

1. Saint Léon IX est né en Lorraine, sur les confins de l'Alsace, au château de Dabo. Saint Antoine de Padoue était issu du même sang que ce saint Pape, sorti de la maison d'Alsace, qui avait la même origine que la maison de Lorraine. (Voir l'*Histoire de la Lorraine* par Digo, t. I.)

et pour l'autel des âmes du purgatoire. On peut également envoyer des aumônes pour aider à l'entretien des lampes et du luminaire de l'église.

ADRESSER LES AUMONES

en mandats, bons de poste ou lettres recommandées, à **M. le Syndic apostolique du Couvent des Franciscains à Epinal** (Vosges). Les bons et mandats au nom du Syndic peuvent être mis dans les lettres adressées au **Père Supérieur**.

N. B. — Une image ou des imprimés seront envoyés aux bienfaiteurs comme accusé de réception des aumônes.

Nous prions toutes les personnes qui nous écrivent de donner *très lisiblement* leurs noms et adresses sur chaque lettre.

PRIÈRES

Répons miraculeux « Si quæris »
OU PRIÈRE TRÈS EFFICACE

*Composée
par le Docteur Séraphique saint Bonaventure, en
l'honneur de saint Antoine de Padoue*

Si quæris miracula,
Mors, error, calamitas,
Dæmon, lepra fugiunt,
Ægri surgunt sani.

Cedunt mare, vincula;
Membra resque perditas
Petunt et accipiunt
Juvenes et cani.

Pereunt pericula,
Cessat et necessitas,
Narrent hi qui sentiunt,
Dicant Paduani.

Cedunt mare..., etc.
    Gloria Patri, et Filio, et
Spiritui Sancto.

Cedunt mare..., etc.

℣. Ora pro nobis, beate Antoni.
℟. Ut digni efficiamur promissionibus Christi.

OREMUS. Ecclesiam tuam, Deus, Beati Antonii, **confessoris** tui, commemoratio votiva lætificet, ut spiritualibus semper muniatur auxiliis et gaudiis perfrui mereatur æternis. *Per Christum Dominum nostrum.* Amen.

EN FRANÇAIS

Si vous voulez des miracles, écoutez : la mort, l'erreur, les calamités, les démons, la lèpre sont mis en fuite. Les malades se lèvent guéris.

La mer s'apaise, les chaînes tombent des mains des captifs ; le jeune homme et le vieillard demandent l'usage de leurs membres et le recouvrement des choses perdues et l'obtiennent.

Les dangers disparaissent, la misère n'existe plus : qu'ils le racontent ceux qui ont éprouvé ses bienfaits, que les habitants de Padoue le redisent.

On répète : *La mer s'apaise,* etc.

Gloire soit au Père, au Fils et au Saint-Esprit.

On répète : *La mer s'apaise,* etc.

℣. Saint Antoine, priez pour nous.

℟. Afin que nous devenions dignes des promesses de Jésus-Christ.

Oraison. O mon Dieu, que la puissante intercession du bienheureux Antoine, votre confesseur, réjouisse votre Église, en lui obtenant toujours de nouvelles faveurs spirituelles et la jouissance des joies éternelles, par Jésus-Christ Notre-Seigneur. Ainsi soit-il.

100 jours d'indulgence chaque fois ; indulgence plénière une fois le mois, aux conditions ordinaires.

(Pie IX, 25 janvier 1866).

Bref ou lettre de saint Antoine

Ecce Cru ✝ cem Domini,	Voici la Croix ✝ du Seigneur,
Fugite partes adversæ !	Fuyez ennemis de notre salut !
Vicit Leo de tribu Juda,	Le lion de la tribu de Juda,
Radix David.	Le rejeton de David a vaincu.
Alleluia !	Alleluia !

100 jours d'indulgence, une fois le jour, applicables aux âmes du purgatoire. (Léon XIII, 21 mai 1892.)

On ajoute ordinairement au bref les versets suivants avec l'oraison.

℣. Saint Antoine, qui **chassez** les démons, priez pour nous.

℟. Afin que nous devenions dignes des promesses de Jésus-Christ.

Oraison. — *Comme après le* Si quæris.

Des embûches du démon, saint Antoine, délivrez-nous.

Les treize Pater de saint Antoine de Padoue, Franciscain

Connus et récités, sous le nom de

Chapelet de saint Antoine

I. — Saint Antoine, qui ressuscitez les morts, priez pour les chrétiens qui sont à l'agonie et pour nos chers défunts. — *Notre Père, Je vous salue, Marie, Gloire au Père, au Fils, au Saint-Esprit,* etc.

II. — Saint Antoine, apôtre zélé de l'Évangile, prémunissez-nous contre les erreurs des ennemis de Dieu et priez pour le Pape et l'Église. — *Notre Père, Je vous salue, Marie, Gloire au Père,* etc.

III. — Saint Antoine, puissant sur le Cœur de Jésus, préservez-nous des calamités qui nous menacent à cause de nos péchés. — *Notre Père, Je vous salue, Marie, Gloire au Père, etc.*

IV. — Saint Antoine, qui chassez les démons, faites-nous triompher de leurs embûches. — *Notre Père, Je vous salue, Marie, Gloire au Père, etc.*

V. — Saint Antoine, lis de céleste pureté, purifiez-nous des souillures de l'âme et préservez notre corps de tout danger. — *Notre Père, Je vous salue, Marie, Gloire au Père, etc.*

VI. — Saint Antoine, guérisseur des malades, guérissez nos malades et conservez-nous la santé. — *Notre Père, Je vous salue, Marie, Gloire au Père, etc.*

VII. — Saint Antoine, guide des voyageurs, conduisez au port ceux qui sont exposés à se perdre et calmez les flots agités des passions qui bouleversent nos âmes. — *Notre Père, Je vous salue, Marie, Gloire au Père, etc.*

VIII. — Saint Antoine, libérateur des captifs, délivrez-nous de la captivité du mal. — *Notre Père, Je vous salue, Marie, Gloire au Père, etc.*

IX. — Saint Antoine, qui rendez aux jeunes gens et aux vieillards l'usage de leurs membres, conservez-nous l'usage parfait des sens du corps et des facultés de l'âme. — *Notre Père, Je vous salue, Marie, Gloire au Père, etc.*

X. — Saint Antoine, qui faites retrouver les choses perdues, faites-nous retrouver tout ce que nous avons perdu dans l'ordre spirituel et dans l'ordre temporel. — *Notre Père, Je vous salue, Marie, Gloire au Père, etc.*

XI. — Saint Antoine, protégé par Marie, éloignez les périls qui menacent notre corps et notre âme. — *Notre Père, Je vous salue, Marie, Gloire au Père, etc.*

XII. — Saint Antoine, qui secourez toute indigence, secourez-nous dans nos besoins et donnez du pain et du travail à ceux qui en demandent. — *Notre Père, Je vous salue, Marie, Gloire au Père, etc.*

XIII. — Saint Antoine, nous proclamons avec reconnaissance votre puissance miraculeuse, et en vous remerciant nous vous supplions de nous protéger tous les jours de notre vie. — *Notre Père, Je vous salue, Marie, Gloire au Père, etc.*

Indulgence de 100 jours accordée par le Souverain Pontife Léon XIII, à la demande du Père Gardien des Grottes de Brive. On ajoute le *Si quæris*, page 30.

Antienne

*Composée par saint Bonaventure
en l'honneur de la langue de saint Antoine, préservée
de la corruption du tombeau*

O langue bénie, qui toujours avez loué le Seigneur et porté les autres à le louer, on voit maintenant combien vous étiez précieuse devant Dieu.
℣. Prédicateur éminent, bienheureux Antoine, priez pour nous.
℟. Afin que, par votre intercession, nous goûtions les joies de la vie éternelle.
Oraison. O Dieu tout-puissant, qui seul opérez des prodiges et les merveilles, accordez-nous, par les mérites et l'imitation des exemples du bienheureux Antoine, dont vous avez préservé la langue de la corruption du tombeau, de pouvoir vous bénir et vous louer à jamais. Par Jésus-Christ Notre-Seigneur. Ainsi soit-il.

Prière pour obtenir de retrouver les choses perdues

Grand saint Antoine, apôtre plein de bonté, qui avez reçu de Dieu le *pouvoir spécial* de faire retrouver les choses perdues, secourez-moi en ce moment afin que, par votre assistance, je retrouve l'objet que je cherche. Obtenez-moi aussi une foi agissante, une parfaite docilité aux inspirations de la grâce, le dégoût des vains plaisirs du monde et un désir ardent des joies ineffables de la bienheureuse éternité. Ainsi soit-il.

Prière pour obtenir une bonne mort [1]

O Saint, vous qui avez jadis comme nous traversé en pèlerin cette terre d'exil, maintenant vous habitez les tabernacles éternels. Rendez-nous propice le Dieu qui a rassasié vos désirs en vous donnant la vie véritable. Conduisez-nous jusqu'au sommet de la sainte montagne. Accordez-nous, ô bienheureux Antoine, d'être un jour réunis à Celui qui est à la fois *Dieu et homme*, dans le

---

1. Extraite de l'office de saint Antoine, 1ᵉʳ nocturne.

saint paradis où il se montre à découvert. Ainsi soit-il.

O Marie, Mère de Dieu et Mère de la miséricorde, priez pour nous et pour les fidèles trépassés.

Indulgence de 100 jours une fois le jour.

Neuvaine en l'honneur de l'Assomption de la très sainte Vierge

Tous les fidèles qui : avant l'Assomption ou à n'importe quelle époque de l'année, prient *pendant neuf jours*, en récitant en public ou en particulier *une prière quelconque* en l'honneur de l'Assomption de la très sainte Vierge, gagnent : 1° *300 jours d'indulgence* à chaque jour de la neuvaine ; 2° *une indulgence plénière* pendant la neuvaine, ou à l'un des huit jours qui la suivent immédiatement, moyennant confession, communion et prières pour le Pape et l'Église [1].

Prière à Notre-Dame de l'Assomption, Reine du ciel

Très sainte Vierge, élevée dans le ciel au-dessus de tous les Anges et de tous les Saints, je vous honore de tout mon cœur comme la fille du Père éternel, et je vous consacre mon âme avec toutes ses puissances. *Ave Maria.*

Très sainte Vierge, élevée dans le ciel au-dessus de tous les Anges et de tous les Saints, je vous honore de tout mon cœur comme la Mère du Fils unique de Dieu, et je vous consacre mon corps avec tous ses sens. *Ave Maria.*

Très sainte Vierge, élevée dans le ciel au-dessus de tous les Anges et de tous les Saints, je vous honore de tout mon cœur comme l'Épouse bien-aimée de l'Esprit-Saint ; je vous consacre mon cœur avec toutes ses affections, et je vous prie de m'obtenir de la très sainte Trinité toutes les grâces qui me sont nécessaires pour réussir dans l'affaire de mon salut. *Ave Maria.*

(*Indulgence de 100 jours chaque fois,* PLÉNIÈRE *une fois le mois.* Léon XII.)

---

1. *Raccolta*, p. 41 ; *Beringer*, p. 1257.

Bénie soit la sainte et immaculée Conception de la bienheureuse Vierge Marie, Mère de Dieu.
300 jours d'indulgence chaque fois. (Léon XIII.)

O ma Souveraine ! o ma Mère ! souvenez-vous que je vous appartiens. Gardez-moi, défendez-moi comme votre bien et votre propriété.
Indulgence de 40 jours chaque fois.

Moyen de se rendre favorables la très sainte Vierge et saint Antoine

Un excellent moyen, que l'expérience proclame un moyen infaillible, de se rendre favorables la très sainte Vierge et saint Antoine, est de faire, en leur honneur, l'aumône aux pauvres et aux âmes du purgatoire. On promet, si l'on obtient la grâce demandée, de donner ou faire donner du pain ou une aumône quelconque aux pauvres. On s'engage à dire des prières, à faire célébrer des messes, à gagner des indulgences dont les fruits et les mérites seront donnés à Marie, la Mère des miséricordes, et à son fidèle imitateur saint Antoine, pour être appliqués aux âmes souffrantes du purgatoire. Des grâces spirituelles et temporelles, extraordinaires et innombrables, ont été ainsi obtenues par toutes sortes de personnes. Les *Echos des Grottes de Brive* et de nombreuses publications en l'honneur de saint Antoine redisent chaque mois les merveilles obtenues par cette antique dévotion, de l'aumône faite en l'honneur de saint Antoine de Padoue, providentiellement ressuscitée à notre époque où l'égoïsme semble dominer et régir la société oublieuse du précepte et des règles de la charité chrétienne.

Mon Dieu et mon tout. *Deus meus et omnia.*
Indulgence de 50 jours chaque fois.

TABLE

Approbations et bénédiction du R^{me} Père Général. 2
Aux lecteurs. Histoire d'un revenant 3
I. — L'Assomption de la très sainte Vierge affirmée à son dévot serviteur saint Antoine de Padoue. 8
  1. L'Assomption de la très sainte Vierge . . . 8
  2. Saint Antoine et la très sainte Vierge. Apparition et révélation. 13
  3. Conclusion 17
II. — Notre-Dame de l'Assomption et saint Antoine, à Épinal. 20
  1. Saint Antoine, Lorrain et Français. 20
  2. Saint Antoine inséparable de Marie. L'église et le couvent des Franciscains donnés à Notre-Dame de l'Assomption par le Saint 22
  3. Avantages spirituels accordés aux bienfaiteurs. 27
III. — Prières. 30
  Si quæris. 30
  Bref 31
  Les treize *Pater* ou le chapelet de saint Antoine. 31
  Antienne en l'honneur de la langue de saint Antoine. 33
  Prière pour obtenir de retrouver les choses perdues. 33
  Prière pour obtenir une bonne mort 33
  Neuvaine et prières à la très sainte Vierge . . 34
  Moyen de se rendre favorables la très sainte Vierge et saint Antoine 35

N. B. — Pour se faire inscrire dans la Pieuse Union en l'honneur de saint Antoine et dans l'Association du Chemin de Croix perpétuel; pour faire inscrire des vivants et des défunts pour avoir part aux prières et aux messes, s'adresser AU PÈRE BARTHÉLEMY DE BIONVILLE, SUPÉRIEUR DES FRANCISCAINS, A ÉPINAL (VOSGES).

Ligugé (Vienne). — Imp. Saint-Martin. M. Bluté. — 3-99.

www.ingramcontent.com/pod-product-compliance
Lightning Source LLC
Chambersburg PA
CBHW061015050426
42453CB00009B/1447